# 목차

. . . . . . . . . . . . . . . . . . . . . . . . . . . . . . . . . . . . . . . . . . . . . . . . . . . . . . . . . . . . . . . . . . . . .

**내용확인**

1.《훈민정음 해례본》에서 알 수 있는 훈민정음 창제 목적으로 옳은 것은? (            )

① '이두'를 백성들에게 쉽게 가르치기 위함이었다.

② 중국의 한자를 본 떠 우리말을 표기한 글자를 만들고자 하였다.

③ 지배층들이 국가를 운영하는 데 쓰기 편한 글자가 필요하였다.

④ 백성들에게 유교와 불교의 교리를 가르쳐주기 위함이다.

⑤ 백성들이 쉽게 익혀서 날마다 쓰는 데 편리한 글자를 만들고자 하였다.

2. 훈민정음 닿소리(자음) 제자 원리에 대한 설명으로 옳은 것을 <보기>에서 모두 고르면?

(            )

─── <보기> ───

ㄱ. 'ㅁ'은 혀끝이 윗잇몸에 닿는 모양이다.

ㄴ. 'ㄴ'은 입술이 붙었다 떨어지는 모양이다.

ㄷ. 'ㄱ'은 혀뿌리가 입천장에 닿아 목구멍을 막는 모양이다.

ㄹ. 혀가 입안의 특정 발음 기관에 닿는 모양을 본 떠 만들었다.

3. 훈민정음 홀소리(모음)에 대한 설명으로 옳은 것은? (            )

① 사람의 발음 기관 모양을 본떠 만들었다.

② 기본 다섯 가지 자음에 한 획을 더해 만들었다.

③ 천·지·인 모양을 본떠 총 28개 글자를 만들었다.

④ 'ㅣ'는 하늘, 'ㅡ'는 땅, '•'은 사람의 모양을 표현하였다.

⑤ 'ㅣ', 'ㅡ'에 '•'을 보태어 'ㅏ', 'ㅑ', 등 글자를 완성하였다.

1. 《훈민정음 해례본》 서문을 통해 알 수 있는 훈민정음 창제 동기 또는 목적 2가지를 서술하세요.

_____

_____

_____

_____

_____

_____

_____

_____

_____

_____

_____

_____

**예시 답안)**

첫째, 우리 조상들은 오랫동안 우리말을 기록할 글자가 없어 한자를 받아들여 사용하였다. 하지만 한자가 어려울 뿐 아니라 우리나라의 말소리가 중국과 달라서 한자로 우리말을 표기하기가 적절하지 않았다. 따라서 우리의 말을 쉽게 표기할 수 있는 우리의 글자를 만들었다.

둘째, 글을 모르는 백성들은 자신의 뜻을 표기할 수 없어 불편을 겪었다. 또한 조선은 백성들에게 삼강오륜의 예와 성리학 질서를 가르치어 교화하고자 하였다. 하지만 당시 백성들이 배우기에 한자는 너무 어려운 글자였기에 쉬운 글자를 만들어 백성들을 가르치고자 하였다.

이에 우리의 말을 쉽게 표기하고 백성들도 빠르게 배울 수 있는 28글자의 훈민정음을 창제하였다.

## 2. 훈민정음 닿소리(자음)과 홀소리(모음)의 제자 원리를 각각 서술하세요.

_____

_____

_____

_____

_____

_____

_____

_____

_____

_____

_____

_____

**예시 답안)**

닿소리(자음)는 발음 기관의 모양을 본떠서 만들었다. 날숨으로 소리를 낼 때 혀가 입안의 특정 발음 기관에 닿는 모습을 본떠서 ㄱ, ㄴ, ㅁ, ㅅ, ㅇ의 기본 다섯 가지 자음을 만들고, 기본 글자에 한 획을 더해 자음을 만들었다.

홀소리(모음)는 우주와 세상의 이치를 글자 모양에 적용하여 만들었다. 하늘과 땅, 그 사이에 있는 사람을 '•', 'ㅡ', 'ㅣ'로 표현하고, 'ㅣ', 'ㅡ', 에 '•'을 보태어 'ㅏ', 'ㅑ', 'ㅓ', 'ㅕ' 등의 모음자를 완성하였다.

 이렇게 만든 28글자의 닿소리와 홀소리를 결합하면 어떠한 우리말도 다 표기가 가능하여 의태어와 의성어까지 우리의 모든 소리 그대로를 표기할 수 있게 되었다.

## 3. 다음 주제로 주장문을 쓰세요: "훈민정음과 IT 강국 대한민국"

TIP)

- 대한민국이 IT 강국임을 밝힙니다. 이를 증명하는 객관적인 사실을 넣어주면 좋습니다.

  (예: 한국은 와이파이 접속이 가장 빠른 국가입니다.)

- 한글이 다른 외국어에 비해 디지털 기기에서 사용하기 편하다는 사실을 밝힙니다.

- 한글의 구성에 대해 설명하며 위 사실을 증명하세요. 반면 한자를 쓰는 중국어나 일본어, 알파벳을 쓰는 언어가 스마트폰 문자판에서 한글보다 사용하기 복잡한 이유를 설명해주면 더 좋습니다.

- 과학적이고 독창적인 언어인 한글이 IT강국 대한민국을 만드는 원동력임을 다시 한번 강조하며 글을 마무리 합니다.

_____

_____

_____

_____

_____

_____

_____

_____

_____

_____

_____

---
---
---
---
---
---
---
---
---

**예시 답안)**

인류는 고도로 디지털화된 세상을 살고 있다. 그중 대한민국은 세계 여느 나라보다 IT기술을 실생활에 빠르게 적용하여 IT 강국의 면모를 보여주었다. 한국통신사업자연합회의 2023년 조사에 따르면 해외 주요 7개국 8개 도시 중 한국이 5세대 이동통신(5G) 속도가 가장 빠른 것으로 나타났다. 심지어 조사 대상 국가의 평균 속도보다 4배가량 빨랐고, 공공 와이파이 속도 또한 여전히 세계 최고 수준이라고 한다.

한국이 IT기술을 실생활에 빨리 적용할 수 있었던 배경에는 한글이 다른 외국어에 비해 디지털 기기에서 사용하기 편하다는 사실이 있다. 한글이 사람의 발음 기관과 천(·), 지(ㅡ), 인(ㅣ)의 모양을 본떠 만든 독창적이고 과학적인 글자이기 때문이다. 몇 개의 기본 글자를 바탕으로 획을 하나씩 더해가며 만든 자음과 모음, 총 24개의 글자는 어떠한 소리도 다 표현할 수 있을 뿐만 아니라 특히 디지털 기기 문자판에서 매우 편리하게 사용할 수 있다. 우리는 매일 '·', 'ㅣ', 'ㅡ', 세 개의 기본 글자 덕분에 스마트폰의 화면같이 좁은 공간에서 10개 버튼으로도 한글을 쉽고 빠르게 입력하고 있다. 반면 알파벳을 사용하는 언어의 경우 알파벳 26개의 자판이 모두 필요하다. 한자를 사용하는 중국이나 일본의 경우 키보드 입력 과정은 더욱 복잡하다. 한자는 해당 문자의 영문식 표기법을 입력한 후 해당 한자를 찾아서 선택해야 하므로 언어 입력이 느릴 수밖에 없다. 스마트폰으로 문자를 보낼 때 한글로 5초 만에 쓸 수 있는 문장이 중국어로는 35초가 걸린다는 연구도 있었다. 빠른 정보 처리가 디지털 시대의 필수 요소인 만큼 한글이 21세기에 가장 알맞은 글자로 재조명받고 있다. 게다가 AI 시대로 넘어가는 시점에서 글자 하나가 하나의 소리로만 발음되는 한글의 특성은 음성인식기술에서도 유리한 장점을 가지고 있다고 한다.

백성들이 쉽게 배우기 위해 독창적으로 만들어진 한글이 21세기 대한민국을 IT 강국으로 만드는 중요한 원동력이 되고 있다.

# 02 구름이 전해주는 하늘의 선물

· · · · · · · · · · · · · · · · · · · · · · · · · · · · · · · · · · · · · · · · · · · · · · · · · · · · · · · · · · · · · · · · · · · · · · · · · ·

## 내용확인

**1. 구름에 대한 설명으로 옳은 것을 <보기>에서 모두 고르면? (                )**

---------------------------------- <보기> ----------------------------------

ㄱ. 하늘에 떠 있는 물방울과 얼음 결정이다.

ㄴ. 물이 하늘에서 기체로 변한 상태이다.

ㄷ. 높은 고도의 대기 속에 있는 수증기가 응결한 것이다.

ㄹ. 공기 중에 녹아 있는 기체 상태의 수증기이다.

---

**2. 다음에서 수증기가 물로 응결하는 상황으로 옳지 <u>않은</u> 것은? (                )**

① 기압이 낮아져 공기의 온도가 낮아졌다.

② 기온이 낮아져 포화 수증기량이 떨어졌다.

③ 공기 중의 수증기가 과포화 상태가 되었다.

④ 대기의 압력이 높아져 포화 수증기량이 높아졌다.

⑤ 포화 수증기량보다 더 많은 수증기가 공기 중에 있다.

---

**3. 물과 얼음으로 이루어진 구름이 하늘에 떠 있는 이유에 대한 설명으로 옳은 것은? (                )**

① 구름 입자들이 모두 색깔의 빛을 산란시키기 때문이다.

② 구름 입자 지름이 0.01mm 정도로 매우 작기 때문이다.

③ 대기저항으로 인해 가벼운 입자가 천천히 떨어지기 때문이다.

④ 상승기류가 위로 올리는 힘보다 중력이 아래도 잡아당기는 힘이 더 크기 때문이다.

⑤ 따뜻한 공기와 하강하는 차가운 공기가 섞이면서 구름 입자에 전하기 분리되기 때문이다.

**1. 구름이 생성되는 과정에서 응결의 원리가 어떻게 작용하는지 나만의 표현으로 설명해 봅시다.**

TIP)

- 구름이 무엇인지 과학적으로 정의합니다.

- 수증기가 물로 응결하는 세 가지 원인에 대해 설명합니다.

- 응결의 원리로 구름이 생성되는 과정을 설명합니다.

_____

_____

_____

_____

_____

_____

_____

_____

_____

_____

_____

_____

_____

_____

_____

_____

_____

_____

_____

_____

_____

**예시 답안)**

하늘에 솜사탕처럼 떠 있는 구름은 기체처럼 보이지만 물이 액체나 고체 상태로 이루어진 것이다. 설탕이 물에 녹으면 보이지 않듯이 공기 중에 녹아 있는 기체 상태의 수증기는 눈에 보이지 않는다. 그런데 눈에 보이지 않는 수증기가 눈에 보이는 물방울로 바뀔 때가 있는데 이를 '응결'이라고 하고, 수증기가 응결한 것을 구름이라 부른다.

수증기는 다음 3가지 요인으로 인해 물방울로 응결한다. 첫 번째는 습도가 높아지면서 공기 중의 수증기의 양이 과포화 상태가 되는 것이다. 공기 속에 수증기가 녹을 수 있는 최대량을 뜻하는 '포화 수증기량'이 100이라고 할 때 수증기가 120이면 이 중 20은 물로 응결된다. 목욕탕 벽에 물방울이 맺히는 현상이 바로 이러한 원리 때문이다.

두 번째 요인은 기온이 낮아지는 것이다. 차가운 물보다 따뜻한 물에서 설탕이 더 잘 녹는 것처럼 기온이 낮아지면 포화 수증기량도 떨어진다. 포화 수증기량이 100인 상태에 90의 수증기가 녹아 있었는데 기온이 떨어짐으로써 포화 수증기량이 70으로 떨어진다면 20의 수증기가 물로 응결된다.

세 번째 요인은 기압이 낮아지는 것이다. 압력이 낮아지면 공기의 온도 역시 낮아지는데 이는 포화 수증기량을 떨어뜨리기 때문에 응결이 일어나게 된다.

공기는 여러 가지 이유로 상승하게 된다. 햇빛으로 인해 지표면의 대기 온도가 높아지면서 공기가 올라가기도 하고, 공기가 산을 타고 올라가기도 한다. 이렇게 상승한 온도는 햇빛이 지표면에 반사하는 에너지의 양을 덜 받게 되므로 온도가 낮아진다. 또한 고도가 높아질수록 기압이 낮아진다. 이처럼 상승한 공기의 온도와 기압이 낮아지면서 수증기가 응결되어 구름이 생성되는 것이다.

## 2. "번개가 많이 치면 풍년이 든다"는 속담이 과학적으로 옳은 이유를 설명하세요.

TIP)

- 주제를 언급합니다.

- 번개가 어떻게 만들어지는지 간단히 설명합니다.

- 번개가 생물의 성장에 도움을 주는 이유를 설명합니다.

_____

_____

_____

_____

_____

_____

_____

_____

_____

_____

_____

_____

_____

_____

_____

**예시 답안)**

속담으로만 생각했던 '번개가 많이 치면 풍년이 든다'라는 말은 흥미롭게도 과학적으로 사실이다. 구름에도 여러 종류가 있는데 그중 수직으로 현저히 발달한 구름이 탑 모양을 이루는 뇌운이 있다. '번개구름'이라 불리는 뇌운 내부에서는 상승하는 따뜻한 공기와 하강하는 차가운 공기가 강하게 섞이는 현상이 일어나는데 이 과정에서 구름 속의 물방울과 작은 얼음들이 부딪치며 마찰을 일으킨다. 이 마찰로 인해 전하가 분리되어 구름 위쪽은 양전하(+)를, 구름 아래쪽은 음전하(-)를 띠게 된다. 이 두 전하가 만나 순식간에 강력한 전기를 만드는데 이것이 번개이다.

그렇다면 번개가 어떻게 생물의 성장에 도움을 줄까? 식물이 자라기 위해 꼭 필요한 원소 중 하나가 질소이다. 공기의 78%가 질소이지만 식물이 공기 중의 질소를 그대로 흡수하지 못하기에 농부들은 질소 비료를 뿌려줘야 한다. 반면 번개는 공기 중의 질소를 식물이 직접 사용할 수 있는 형태로 만들어준다. 번개가 친 후 내리는 비에는 식물이 직접 흡수할 수 있는 질소가 녹아 있어서 농부들이 비료를 주는 것과 같은 효과가 나타나는 것이다.

· · · · · · · · · · · · · · · · · · · · · · · · · · · · · · · · · · · · · · · · · · · · · · · · · · · · · · · · · · · · ·

**내용확인**

**1. 유클리드가 완전수에 대해 새롭게 발견한 사실은 무엇인가요? (          )**

① 알려진 완전수는 모두 '삼각수'이다.

② '안타까운 초과수'가 존재하지 않는다.

③ 27은 자신의 약수들을 모두 더하면 그들 자신보다 작은 수가 나온다.

④ 약수의 합이 원래의 수보다 '1'만큼 작은 '안타까운 불완전수'가 있다.

⑤ 2의 제곱수($2^n$)와 그 수에 2를 한 번 더 곱한 뒤 1을 빼면 완전수가 된다.

**2. 우주를 구성하는 최소 단위를 끊임없이 진동하는 아주 작고 가느다란 끈으로 보는 이론은?**

(          )

① 도형수 이론                ② 테트라티스                ③ 초끈 이론

④ 안타까운 초과수 이론        ⑤ 안타까운 부족수

# 04 대한민국의 두 기둥, 공화주의와 민주주의

**내용확인**

1. 공화주의와 민주주의의 개념과 관련된 내용을 바르게 이으세요. (            )

① 공화주의 •
② 민주주의 •

• ㉠ 누가 정치하는가에 대한 것
• ㉡ How
• ㉢ 어떻게 정치하는가에 대한 것
• ㉣ Who

2. 입헌공화국에 대한 설명으로 옳은 것을 <보기>에서 모두 고르면? (            )

---
**<보기>**

ㄱ. 인민민주주의를 지향하는 국가이다.

ㄴ. 국가의 대표를 국민의 자유선거를 통해 선출한다.

ㄷ. 헌법에 따라 법치주의와 자유권적 기본권이 보장되어 있다.

ㄹ. 입법-사법-행정부를 통합한 권력 기구가 효율적으로 나라를 운영한다.

---

**1. 공화주의와 민주주의를 자신만의 표현으로 정의해봅시다.**

TIP)

- 공화주의와 민주주의를 나타내는 키워드를 뽑아보세요.

 (예: 공적 영역, 공화, 다수 통치, 국민이 주인)

- 키워드를 바탕으로 정의를 내려보고 중요한 차이점은 무엇인지 언급합니다.

 (예: 민주주의는 정치를 누가 하느냐, 공화주의는 어떻게 하느냐의 문제)

_____

_____

_____

_____

_____

_____

_____

_____

_____

_____

_____

_____

**예시 답안)**

공화주의는 정치를 공적 영역으로 만드는 원리로, 왕이나 귀족 같은 특정 계층이나 집단이 정치를 사유화하는 것을 방지한다. 정치권력을 사적에서 공적으로 만드는 공화주의는 정치적 합의와 정의 추구를 목표로 한다.

반면 민주주의는 그리스어에서 '다수'와 '통치'라는 뜻의 단어가 조합된 것으로, 국민이라는 다수가 통치하는 것을 말한다. 국민이 주인이 되어 국가를 통치할 권력이 만들어지는 정치 원리인 것이다.

공화주의와 민주주의는 '자유민주주의 공화국'인 대한민국의 정체성을 나타내는 필수 요인이다. 국가를 운영하고 다스리는 것을 '정치'라고 할 때, 민주주의는 누가 정치하는가에 대한 문제이고 공화주의는 어떻게 정치하는가에 대한 문제를 다룬다는 차이가 있다.

**2. 다음 주제에 관한 논설문을 써봅시다. <민주공화국 대한민국 그리고 통일>**

TIP)

- 헌법 1조에 따라 대한민국은 민주공화국임을 언급합니다.

- 같은 민주공화국에도 좋은 공화국과 나쁜 공화국이 존재함을 언급합니다.

- 좋은 공화국을 이루는 요건을 설명합니다.

- 헌법전문과 헌법 4조에서 대한민국은 자유민주주의 정치체제를 삼고 있고 이에 입각한 평화 통일을 추진 한다고 명시되어 있음을 언급합니다.

- 대한민국이 이루어야 하는 통일의 올바른 방향성에 대해 내 생각을 서술합니다.

_____

_____

_____

_____

_____

_____

_____

_____

_____

_____

**예시 답안)**

우리나라 헌법 제1조는 "대한민국은 민주공화국"이라고 명시하고 있다. 이는 우리나라의 국호는 대한민국이고 국가형태는 민주공화국임을 뜻한다. 그러나 세상에는 같은 민주공화국이라도 좋은 공화국과 나쁜 공화국이 존재한다. 공산주의 또는 사회주의 독재국가조차 민주공화국이라 부르는 경우에서 볼 수 있듯이 허울뿐인 가짜 민주공화국이 여전히 실재한다. 인류 역사는 자유, 평등, 소유권이 보장되고 권력분립을 통한 공화정치를 이루었던 국가도 주권자인 국민이 그 가치를 잊어버리고 해쳤을 때 쉽게 공화정이 무너진 사례를 보여준다. 따라서 우리는 성난 군중이 아닌 성숙한 공화국의 시민이 되어 진정한 민주공화국을 지키기 위해 노력해야 한다. 헌법전문이 '자유민주적 기본 질서를 더욱 확고히 하라'고 명시한 이유일 것이다. 또한 헌법 제4조는 '대한민국은 통일을 지향하며, 자유민주적 기본 질서에 입각한 평화적 통일정책을 수립하고 이를 추진한다.'라고 밝힌다. 헌법은 우리에게 대한민국이 이루어야 하는 통일의 방향을 명확하게 제시하고 있다. '자유민주주의'를 국가의 정치체제로 삼은 자유 민주공화국을 북한에도 확장하라는 것이다. 가짜 민주공화국이 여전히 존재하기에 헌법이 제시하는 통일의 방향을 올바르게 숙지할 필요를 느낀다.

**플라톤과 아리스토텔레스, 같은 목적을 향했던 서로 다른길**

. . . . . . . . . . . . . . . . . . . . . . . . . . . . . . . . . . . . . . . . . . . . . . .

**내용확인**

**1. '현실 세계에 존재하는 모든 것이 변화하는 이유'에 대한 아리스토텔레스의 답변은 무엇인가요?**

(           )

① 세상에 존재하는 모든 것에는 목적이 있다.

② 가장 완벽한 것은 이데아 세계에만 존재한다.

③ 현실 세계는 질료와 형상으로 이루어져 있다.

④ 이성의 눈으로 볼 수 있는 진짜 세계는 보이지 않는다.

⑤ 세상에 존재하는 모든 것은 가능태이자 현실태가 될 수 있다.

**2. 아리스토텔레스가 말한 '순수 질료'와 '순수 형상'의 개념과 관련된 내용을 바르게 이으세요.**

① 순수 질료  •

② 순수 형상  •

- • ㉠ 존재하는 것을 목적에 따라 위계를 세웠을 때 맨 아래 등급
- • ㉡ 질료가 없는 형상으로 플라톤의 이데아와 같은 것
- • ㉢ 어떠한 형태도 갖추고 있지 않은 질료
- • ㉣ 존재하는 것을 목적에 따라 위계를 세웠을 때 상위 등급

**3. 최종 목적지인 순수 형상은 자신은 변하지 않되, 하위 등급의 다른 모든 것을 변화시키는 원인이 된다는 것으로, 아리스토텔레스의 철학에서 신의 존재를 설명하는 핵심 개념은 무엇인가요?**

(           )

## 논술하기

**1. 본문 문단별로 키워드를 뽑아보세요.**

- 서론:

_____

_____

_____

_____

- 아리스토텔레스의 두 가지 고민:

_____

_____

_____

_____

_____

- 변화하는 만물은 목적을 지닌다:

_____

_____

_____

_____

_____

- **서론** : 다른 길, 최종 목적
- **아리스토텔레스의 두 가지 고민** : 가능태, 현실태, 만물의 변화
- **변화하는 만물은 목적을 지닌다** : 목적의 위계, 순수 형상

## 2. 뽑은 키워드를 가지고 문단별로 핵심내용을 요약해보세요..

- 서론 (키워드: 다른 길, 최종 목적)

_____

_____

_____

_____

_____

**예시 답안)**

플라톤은 '이데아 세계'가 진짜 세계이고 '현실 세계'는 가짜 세계라고 주장하며 두 세계를 분리했지만, 아리스토텔레스는 '형상과 질료' 개념을 통해 이데아 세계를 현실 세계로 끌어왔다. 아리스토텔레스는 세상의 모든 것은 고유의 목적을 가지고 변화한다고 주장 했고, 모든 것의 최종 목적을 추구하다 보니 결국 플라톤의 이데아 세계를 만나게 된다. 다른 길이었지만 최종 목적은 같았다.

- 아리스토텔레스의 두 가지 고민 (키워드: 가능태, 현실태, 만물의 변화)

_____

_____

_____

_____

_____

_____

_____

_____

아리스토텔레스는 플라톤의 주장에 두 가지 의문을 품었다. 첫 번째는 이데아 세계가 진짜라면 '우리가 살아가는 현실 세계는 왜 존재하는가?'이다. 두 번째는 현실 세계에 존재하는 모든 것이 '변화하는 이유는 무엇인가?'이다. 그는 밤 씨앗이 싹을 트고 밤나무 묘목으로 자라 결국 밤나무가 되는 과정으로 그 이유를 설명한다. 밤 씨앗은 싹이 틀 가능성을 가진 '가능태'이고, 싹은 현실이 된 상태인 '현실태'이다. 그러나 싹은 밤나무 묘목이 될 '가능태'이기도 하다. 마찬가지로 싹이 자라 밤나무 묘목이 되기에 밤나무 묘목은 '현실태'이지만 앞으로 밤나무가 될 것이기에 동시에 '가능태'이다. 밤나무는 밤나무 묘목이 자라 현실이 된 '현실태'이다. 아리스토텔레스는 질료와 형상으로 이루어져 있는 모든 것은 '가능태'이자 '현실태'이고 이것이 바로 만물이 변화하는 이유라고 설명한다.

**- 변화하는 만물은 목적을 지닌다** (키워드: 목적의 위계, 순수 형상)

_____

_____

_____

_____

_____

_____

_____

밤 씨앗이 싹을 틔우고, 싹은 밤나무 묘목이 되고, 밤나무 묘목은 밤나무가 되듯이 만물은 각각의 고유한 목적을 지니고 있다는 것이 아리스토텔레스의 주장이다. 그리고 그는 만물을 그 목적에 따라 위계를 세웠다. 즉 아래 등급에 있는 것은 모두 상위 등급에 있는 것을 목적으로 한다는 것이다. 그는 맨 아래 등급에 아무 형태가 없는 질료가 존재한다고 생각했다. 그렇다면 반대로 가장 상위 등급에는 질료가 없는 순수 형상이 존재하게 된다. 그리고 이 순수 형상은 바로 플라톤의 이데아와 같은 것이다. 스승 플라톤의 이데아 이론을 거부하며 다른 길을 걸었지만 결국 같은 목적지에 도착한 셈이다.

3. 플라톤은 이데아 세계는 진짜, 현실 세계는 가짜라며 세상을 둘로 나누었습니다. 이는 그의 이분법적 세계관을 보여주는데 아리스토텔레스는 이를 거부했죠. 그런데 사람들은 좋은 것과 나쁜 것, 성공이냐 실패냐, 등 두 가지의 극단으로 분류하려는 경향을 갖고 있습니다. 여러 가능성이 있음에도 불구하고 두 가지의 가능성에 한정하여 사고하는 오류를 범하는 것이죠. <이분법적 사고의 한계>라는 주제로 내 생각을 정리해 봅시다.

TIP)
- 이분법적 사고의 정의를 내려보세요.
- 세상에는 '옳은 것과 그른 것' 또는 '성공과 실패'와 같이 이분법적 사고를 하는 경향이 있음을 밝힙니다.
- 이분법적 사고가 상황을 간단하게 만들어 명확한 판단을 하는데 도움이 될 수 있음을 설명합니다.
- 그러나 이분법적 사고는 누군가 정한 '정답'에 다른 의견이 배척되기 쉽기 때문에 대립과 갈등을 부추길 수 있는 점을 명시합니다.
- 사회에서 겪어본 이분법적 사고의 예가 있다면 설명합니다. 그 예를 통해 이분법적 사고의 한계와 이를 극복하기 위해 어떤 노력을 해야 하는지 의견을 제시해 봅니다.

**'이분법적 사고의 한계'**

_____

_____

_____

_____

_____

_____

_____

_____

_____

**예시 답안)**

플라톤은 이데아 세계를 진짜 세계, 현실 세계를 가짜 세계라며 세상을 둘로 나누었다. 이는 세상의 모든 상황이나 사물을 흑 또는 백이라고 생각하는 이분법적 사고의 가장 대표적인 예일 것이다. 우리도 살아가면서 '차별은 옳지 않아', '좋은 대학에 갔으니 성공했네' 같은 이분법적 판단에 쉽게 노출된다. 상황을 자세히 들여다보면 차별이 아닌 구별하는 것일 수도 있고, 좋은 대학 입학이 성공한 것이 아닐 수도 있는데 사람들은 종종 표면적인 표현을 예사롭게 받아들인다. 물론 이분법적 사고방식은 우리에게 선택지를 두 가지로 명확하게 제시하여 빠른 결정을 하는 데 도움이 된다. 식당에서 음식을 고를 때 건강에 이롭거나 해로운 것을 기준으로 판단한다면 시간을 들여 고민하지 않고 빠른 결정을 내릴 수 있다. 하지만 이분법적 사고는 문제를 지나치게 단순화하여 다양한 의견을 고려하지 못할 수 있다. 음식을 고르는 사람의 컨디션에 따라 달거나 짠 음식을 시킬 수도 있고, 맛보다는 예쁘게 장식된 생일 케이크를 고를 수도 있다. 또한 이분법적 사고는 누군가 정한 '정답'에 다른 의견이 배척되기 쉬워 대립과 갈등을 부추기는 위험이 있다. 좋은 대학 나와서 좋은 직장에 들어가는 것을 인생의 성공이라고 누군가 정한 정답 때문에 각자가 타고난 소질을 발견하고 개발하는 것이 두려운 것이 아닐까? 우리는 하루에도 수많은 문제를 겪게 된다. 미래를 1초도 내다볼 수 없는 인간이 두 개의 극단적 선택만으로 문제를 해결할 수 없다. 좋은 대학이나 좋은 직장 말고도 내 삶을 더욱 가치 있게 만드는 다양한 방법이 있다는 것을 기억하고 새로운 대안을 추구한다면 우리가 공부해야 하는 동기 또한 더욱 명확해질 것이다.

## 06 모차르트 3대 오페라

. . . . . . . . . . . . . . . . . . . . . . . . . . . . . . . . . . . . . . . . . . . . . . . . . . .

**내용확인**

**1. 오페라의 종류와 특징을 바르게 이으세요.**

① 오페라 부파　　•

② 오페라 세리아　•

　　•　㉠ 희극적인 내용을 담은 오페라급

　　•　㉡ 비극적인 내용을 담은 오페라

**2. 설명에 해당하는 모차르트 오페라 작품을 <보기>에서 고르세요.**

―――――――――――――― **<보기>** ――――――――――――――

　가. 피가로의 결혼　　　　　　나. 돈 조바니　　　　　　다. 마술피리

① 외국어를 잘 모르는 서민들을 위해 독일어로 만들었다. (　　　　)

② 스페인의 전설적인 바람둥이인 '돈 후안'을 토대로 만들었다. (　　　　)

③ 모차르트가 로렌조 다 폰테와 두 번째로 함께 만든 작품이다. (　　　　)

④ 원작 내용에서 정치적 풍자를 삭제한다는 조건으로 당국으로부터 공연을 허락받았다. (　　　　)

⑤ 고대 이집트를 배경으로 밤의 여왕의 부탁을 받은 왕자가 여왕의 딸을 구하는 내용이다. (　　　　)

⑥ 백작부인과 수잔나가 백작을 정원으로 유인하는 편지를 쓰면서 함께 부르는 이중창이 유명하다. (　　　　)

**3. 오페라, 오라토리오, 칸타타 등에 나오는 기악 반주의 서정적인 독창곡을 무엇이라고 하나요?**

(　　　　　　　　)

내용확인

1. 강화도에서 만날 수 있는 우리의 역사를 <보기>에서 모두 고르면? (                    )

─────────── <보기> ───────────

ㄱ. 고조선과 관련된 유적이 남한에서 유일하게 남아있다.

ㄴ. 임진왜란 당시 임시 수도가 되어 산성과 궁터가 남아있다.

ㄷ. 북방식 고인돌을 비롯한 선사시대 유적들이 많이 남아있다.

ㄹ. 조선 시대 청나라가 침입하였을 때 왕이 피신하여 항전하였다.

2. 병인양요에 대한 설명은 '병인', 신미양요에 대한 설명은 '신미'로 표기하세요.

① 천주교 신자들을 박해했던 병인박해가 원인이 되었다. (           )

② 미국이 군함 5척을 이끌고 초지진과 덕진진을 점령하였다. (           )

③ 프랑스 로즈 제독이 이끈 함대가 갑곶진과 강화성을 점령하였다. (           )

④ 평양에서 일어난 제너럴셔먼호 사건을 구실로 미국이 쳐들어왔다. (           )

⑤ 양헌수 장군이 이끄는 조선군이 삼랑성에서 프랑스 군에 승리하였다. (           )

⑥ 어재연 장군이 이끌던 조선 군인 600여 명이 광성보에서 치열하게 항전하였다. (           )

**정의란 무엇일까요?**

· · · · · · · · · · · · · · · · · · · · · · · · · · · · · · · · · · · · · · · · · · · · · ·

**내용확인**

1. 동등함(Equality)과 공정함(Fairness)의 개념을 바르게 이으세요.

- ㉠ 어떤 상황이 정당하게 처리되었는지를 의미한다.

① 동등함 •
- ㉡ 두 가지가 정확히 같거나 동일한 값을 가지는 상태이다.

- ㉢ 사회적, 윤리적 맥락에서 더 널리 사용된다.

② 공정함 •
- ㉣ 수학적이거나 과학적인 맥락에서 자주 사용된다.

2. '공정함을 전제로 하는 정의란 무엇인가'에 대한 설명으로 옳은 것을 <보기>에서 모두 고르면?

(                    )

─────── <보기> ───────

ㄱ. 각자에게 각자의 몫이 돌아가는 것이다.

ㄴ. 열심히 노력한 만큼 보상을 받는 것이다.

ㄷ. 한쪽으로 기울어진 것을 수평으로 맞추는 것이다.

ㄹ. 무거운 쪽을 덜어내어 가벼운 쪽에 얹어 주는 것이다.

1. 동등함과 공정함의 뜻을 나만의 표현으로 정의해봅시다.

예) 동등함이란 어떤 등급이나 정도가 같은 것을 나타낸다. 학교 학생들 모두 동일한 조건에서 시험을
    치르게 된다면 이는 동등한 것이다.

_____

_____

_____

_____

_____

_____

_____

_____

_____

_____

_____

_____

**예시 답안)**

동등함이란 어떤 등급이나 정도가 같은 것을 나타낸다. 1리터의 물과 1리터의 기름은 무게는 다르지만 부피는 동등하다고 표현한다.

공정함이란 공평하고 정당한 것을 뜻한다. 대학이 원칙과 절차에 따라 예외없이 입학생을 선발한다면 이는 공정하다고 말한다.

## 2. <평등한 것이 항상 공정하고 정의로울까?> 라는 주제로 주장문을 써봅시다.

TIP)

- 우리 사회에서 중요하시는 평등의 의미에 대해 설명합니다.

- 세상에는 수많은 변수가 있음을 밝힙니다. 특히 부를 이루는 과정은 매우 다양하고 복잡함을 설명합니다.

- 여러 변수를 고려하지 않고 무조건 동등하게 분배하는 것이 과연 정의로운 것인지 질문해 봅니다. 또는 열심히 공부한 학생과 게으리 공부한 학생의 성적이 모두 같아야 한다면 이것이 평등한 것인지 질문을 던져 봅니다.

- 진짜 정의로운 것은 무엇인지 생각해봅니다. 정의의 올바른 의미를 언급하면 좋습니다.

_____

_____

_____

_____

_____

_____

_____

_____

_____

_____

_____

_____

_____

_____

_____

_____

_____

_____

_____

_____

_____

_____

_____

**예시 답안)**

우리는 차별 없는 평등한 사회가 좋은 사회라는 이야기를 자주 듣는다. 특히 누구나 동등한 기회를 얻는 기회의 평등은 우리 사회가 발전하는 데 중요한 요소임이 틀림없다. 그런데 만일 평등이 중요하다고 해서 결과를 포함하여 모든 과정이 평등해야 한다면 어떤 일이 벌어질지 생각해 볼 필요가 있다. 흔히 자본주의 사회에서 경제적 불평등은 반드시 해결해야 할 문제로 대두된다. 자본가는 무조건 나쁜 사람, 노동자는 다 불쌍한 사람이라는 이분법적 사고로 접근하기도 한다. 그래서 모든 국민에게 동등하게 분배하는 것이 정의로운 것이라고 설파한다. 하지만 세상에 수많은 변수가 있듯이 부를 이루는 과정도 매우 다양하고 복잡하다. 정주영 회장은 어린 시절 매우 가난했지만, 아버지가 소를 판 돈으로 작은 가게를 열었고 이후 수많은 역경을 이겨내고 현대를 굴지의 대기업으로 만들었다. 물론 부모로부터 상당한 재산을 물려받고 이를 발판으로 부를 이룬 경우도 있지만 이는 소수에 불과하다. 그렇다면 부를 이루는 과정에서 여러 변수를 고려하지 않고 무조건 동등하게 분배하는 것은 과연 정의로운 것일까? 열심히 공부한 학생과 게을리 공부한 학생의 성적은 당연히 다를 수밖에 없다. 그런데 평등이라는 가치를 위해 모든 학생에게 같은 점수를 준다면 어떤 학생이 공부를 열심히 하려고 할까? 모두가 동일한 노력을 할 수 없기에 기회가 평등하다고 결과까지 평등할 수 없는 것이다. 열심히 노력한 만큼 합당한 보상을 받는 것이 진짜 정의로운 것이고 공정한 사회를 만드는 밑거름이 될 것이다.

# 09 국제무역

## 내용확인

**1. 무역에 대한 설명으로 옳지 <u>않은</u> 것은? (        )**

① 무역의 대상은 오직 재화만 해당된다.

② 다른 나라에 물건을 파는 것을 수출이라고 한다.

③ 다른 나라에서 물건을 사 오는 것을 수입이라고 한다.

④ 해외 스포츠팀이 한국에 방문해서 경기를 치르는 것도 무역에 해당한다.

⑤ 무역을 통해 우리나라에서 구할 수 없는 제품이 저렴하게 유통되기도 한다.

**2. 여러 국가가 무역에 제한을 두는 이유를 <보기>에서 모두 고르면? (                    )**

---
**<보기>**

ㄱ. 자주국방에 위협이 될 경우 무역을 제한한다.

ㄴ. 자유무역으로 손해를 보는 이익집단을 정리하기 위해서이다.

ㄷ. 자국의 고유한 문화를 발전시켜 해외에 수출하기 위해서이다.

ㄹ. 자국 산업이 세계 시장에서 어느 정도 경쟁력을 갖출 때까지 보호하기 위해서이다.

---

**3. 1995년 회원국 간의 분쟁을 중재하고 무역 장벽을 낮춰서 무역 활동을 원활하게 유지하고자 출범한 국제적 자유무역 기구는 무엇인가요? (                )**

## 1. 본문을 읽고 문단별로 키워드를 뽑아보세요.

- 세계는 커다란 시장:

_____

_____

_____

_____

- 서로에게 이익이 되는 국가 간의 무역:

_____

_____

_____

_____

- 보호무역:

_____

_____

_____

_____

**예시 답안)**

- **세계는 커다란 시장**: 수입, 수출, 무역의 대상, 물건과 서비스, 커다란 시장
- **서로에게 이익이 되는 국가 간의 무역**: 고도의 경제성장, 노동력, 해외 시장, 자유무역, 풍요로운 삶
- **보호무역**: 수입제한, 관세, 보호무역, 이익집단, 자유무역협정

2. 선정한 키워드를 바탕으로 세계가 커다란 시장인 이유를 설명하고, 자유무역의 장점과 보호무
   역의 배경에 대해 정리해 보세요.

_____

_____

_____

_____

_____

_____

_____

_____

_____

_____

_____

_____

_____

_____

_____

**예시 답안)**

한국은 원목을 다른 나라로부터 수입하고 휴대폰 같은 디지털 기기를 다른 나라에 수출한다. 물건뿐만 아니라 외국의 영화를 수입하기도 하고, K-드라마를 해외에 팔기도 한다. 무역의 대상과 범위가 점차 확대되면서 세계는 하나의 커다란 시장이 되었다.

자원과 돈이 없었던 우리나라는 오로지 노동력으로 물건을 열심히 만들어 해외 시장에 팔아 돈을 벌었고, 그 돈으로 우리가 필요한 물건을 수입해서 풍요로운 사회를 만들었다. 해외의 큰 시장을 상대로 무역을 한 덕분에 단기간에 고도의 경제성장을 이룰 수 있었다. 그러나 국가 전체에 이득이 되는 자유무역이 국민 모두에게 이익이 되는 것은 아니기에 다양한 방법으로 무역을 제한한다.

세계 나라들은 자국의 산업을 보호하거나 국방에 위협이 되는 경우 또는 자국의 고유한 문화가 침해된다고 판단할 때 무역에 제한을 둔다. 자유무역으로 인해 손해를 보는 이익집단이 생기거나 나라의 경제가 어려워질 때 보호무역에 대한 요구가 높아진다. 국가는 관세를 부과하거나 수입 상품의 수량을 제한하는 방법을 통해 보호무역을 펼친다.

물론 보호무역이 필요한 경우도 있지만 자유무역의 이점을 최대한 얻기 위해 전 세계 나라들은 무역 장벽을 낮추고자 노력한다. 우리나라가 현재 세계 59개국과 자유무역협정(FTA)을 체결한 것도 그러한 노력 중 하나이다.

## 3. '국산품을 애용하는 것이 반드시 좋은 일인가?'라는 주제로 주장문을 작성해 보세요.

TIP)

- 우리나라 마트에서 세계 각국의 제품이 진열되어 있듯 해외에서도 우리나라 제품이 팔리고 있음을 언급
  합니다.

- 세계는 이미 커다란 시장이 되었음을 설명합니다.

- 예전에 국산품을 애용하자는 캠페인이 있었습니다. 그런데 요즈음은 그런 캠페인을 찾아보기 어렵습니다.
  그 이유가 무엇일지 질문을 던져 봅니다.

- 미국 브랜드의 스마트폰에 국내 기업들의 부품이 많이 들어가 있다는 사실을 언급합니다.

- 값싸고 품질 좋은 해외 제품이 있음에도 사람들이 국산품을 선호할 수 있을지 문제를 제기해 봅니다.

- 국산품을 애용하는 것이 우리 생활과 나라의 경제활동에 어떤 영향을 미치는지 생각해 봅니다.

_____

_____

_____

_____

_____

_____

_____

_____

_____

_____

_____

_____

_____

_____

_____

_____

_____

_____

_____

_____

_____

**예시 답안)**

우리나라 마트에서 칠레산 블루베리, 노르웨이산 고등어 등 세계 각국의 제품을 볼 수 있듯이 해외에서도 우리나라 제품이 팔리고 있다. 오늘날 우리는 국제 교류가 활발할 시대를 살고 있고 세계는 이미 하나의 커다란 시장이 되었다.

예전 우리 사회가 국산품을 애용하자는 캠페인이 있었을 정도로 국산품 소비를 장려했지만, 요즈음 그러한 캠페인을 찾아보기 어렵다. 그 이유를 스마트폰에서 찾을 수 있다. 유명한 미국 스마트폰 브랜드의 제품에는 반도체를 비롯하여 우리나라 기업이 생산한 소재와 부품이 들어간다. 삼성의 스마트폰에도 해외 기업이 생산한 소재나 부품이 사용된다. 해외 브랜드 스마트폰을 구매해도 국내 기업에 도움이 되는 것이고, 국내 브랜드 스마트폰을 구매해도 해외 기업이 도움을 주는 것이나 마찬가지이다. 이런 상황에서 우리나라의 제품만 고집하는 것은 나라를 위하는 길이 아닐 것이다. 해외 제품보다 품질이 좋지 않지만, 국산품이라는 이유만으로 구매를 해준다면 우리 기업은 해외 제품보다 더 좋은 제품을 만들 필요를 느끼지 못한다. 이는 세계 시장에서 경쟁력이 떨어지는 결과를 낳을 뿐이다. 게다가 값싸고 품질 좋은 해외 제품이 있음에도 사람들이 언제까지 애국심으로 국산품을 구매할 수 있을까? 국내 기업이 생산한 제품들이 국내외 소비자들의 선택을 받아 세계 시장에서 경쟁력을 확보하는 것이 바람직한 방향이다.

# 10 산업의 쌀 석유

. . . . . . . . . . . . . . . . . . . . . . . . . . . . . . . . . . . . . . . . . . . . .

## 내용확인

**1. 석유를 사용해서 만든 제품을 바르게 이으세요.**

① 에터와 알코올을 질산 섬유소와 잘 배합한 후
원하는 틀에 넣고 건조하여 만든 단단한 소재

② 석유를 가공해서 만드는 폴리에틸렌을 이용하여 만든 제품

③ 석유 정제 과정에서 나오는 페놀이나 벤젠 같은
화합물이 원료로 사용되는 제품

• ㉠ 약

• ㉡ 플라스틱

• ㉢ 비닐

**2. 식품이나 화장품 따위에 섞어 넣어 향기가 나게 하는 물질을 무엇이라고 하나요?**

(                    )

**3. 인스턴트 식품을 오랫동안 보관할 수 있는 이유는? (        )**

① 석유화학제품으로 외관을 매끄럽게 만들기 때문이다.

② 페트병의 주원료가 되는 폴리에틸렌을 첨가하기 때문이다.

③ 삼차 뷰틸 하이드로퀴논이라는 산화 방지제가 첨가되어 있기 때문이다.

④ 아세테이트, 레이온, 폴리에스테르 같은 합성 섬유로 만들었기 때문이다.

⑤ 석유를 정제하는 과정에서 나오는 미네랄 오일이 첨가되어 있기 때문이다.

# 11 토론 | 범죄인의 머그샷 공개 정당한가?

## 토론 논제

머그샷은 경찰이 피의자를 체포해 구금하는 과정에서 촬영하는 사진을 뜻합니다. 그동안 우리나라는 머그샷을 원칙적으로 공개하지 않았지만, 지난 1월 '중대범죄 신상 공개법 시행령'이 시행되면서 범죄자의 동의 여부와 관계없이 수사기관이 '머그샷'을 공개할 수 있게 되었습니다. 국민의 알권리 실현과 공익을 우선시해야 한다는 의견과 범죄자의 낙인 효과나 가족들의 사생활 침해 등의 부작용을 우려하는 목소리가 팽팽히 맞서고 있습니다. 이번 호에서는 범죄자의 머그샷 공개에 대한 찬반 토론을 진행해봅시다.

| 서론 | 1. 논제의 배경이 되는 사실을 기술 | |
| --- | --- | --- |
| | 2. 논제와 관련된 논쟁들 설명 | |
| | 3. 나의 입장 밝히기(찬성, 반대) | |
| | 4. 주장문 계획 밝히기 | |
| 본론 | 근거 1 | 1. 중심문장<br><br>2. 뒷받침 문장<br>(중심문장 설명) |
| | 근거 2 | 1. 중심문장<br><br>2. 뒷받침 문장<br>(중심문장 설명) |
| | 근거 3 | 1. 중심문장<br><br>2. 뒷받침 문장<br>(중심문장 설명) |
| 결론 | 자신의 주장을 다시 한번 정리하고, 사고를 확장하여 열린 결말 도출하기 | |

<범죄자의 머그샷 공개 정당한가?>

_____

_____

_____

_____

_____

_____

_____

_____

_____

_____

_____

_____

_____

_____

_____

_____

_____

_____

<범죄자의 머그샷 공개 정당한가?>

**도서 1 《데미안》**

### 독후감 쓰기

| | |
|---|---|
| 서두 | 1. 책을 선택한 이유 or 책을 읽게 된 동기로 시작하기<br><br><br>2. 책의 저자, 배경, 유명한 이유 등 설명하기<br><br><br> |
| 본론 | 책의 줄거리 요약<br><br><br><br><br>새롭게 알게 된 내용이나 깨달은 점 서술하기<br><br><br><br> |
| 결말 | 책이 나에게 어떤 영향을 미쳤는지, 책을 읽기 전과 후 내 생각이나 행동에 어떤 변화가 있었는지 서술하기<br><br><br><br> |

제목 :

제목 :

## 서평 쓰기

| 서두 | 1. 객관적 사실에 입각한 문장으로 시작(발췌 가능)<br><br>2.책의 저자와 책의 배경 소개 |
|---|---|
| 본론 | 책의 줄거리 요약 |
| | 서평의 주제 언급하기(키워드, 발췌문 포함) |
| 결말 | 이 책을 추천하는 이유 또는 아쉬운 점(객관적으로 서술할 것) |

제목 :

## 13

도서 2 《야간비행》

독후감 쓰기

| 서두 | 1. 책을 선택한 이유 or 책을 읽게 된 동기로 시작하기<br><br>2. 책의 저자, 배경, 유명한 이유 등 설명하기 |
|---|---|
| 본론 | 책의 줄거리 요약 |
| | 새롭게 알게 된 내용이나 깨달은 점 서술하기 |
| 결말 | 책이 나에게 어떤 영향을 미쳤는지, 책을 읽기 전과 후 내 생각이나 행동에 어떤 변화가 있었는지 서술하기 |

제목 :

# 서평 쓰기

| | |
|---|---|
| 서두 | 1. 객관적 사실에 입각한 문장으로 시작(발췌 가능)<br><br>2.책의 저자와 책의 배경 소개 |
| 본론 | 책의 줄거리 요약 |
| | 서평의 주제 언급하기(키워드, 발췌문 포함) |
| 결말 | 이 책을 추천하는 이유 또는 아쉬운 점(객관적으로 서술할 것) |

제목 :

한자 쓰기

| 易 | 地 | 思 | 之 |
|---|---|---|---|
| 바꿀 역 | 땅 지 | 생각 사 | 갈 지 |
| 易 | 地 | 思 | 之 |
| 易 | 地 | 思 | 之 |
| 易 | 地 | 思 | 之 |
|  |  |  |  |
|  |  |  |  |

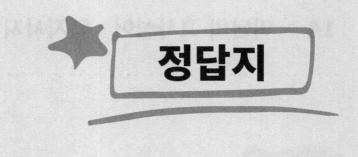

정답지

## 정보화 시대 더욱 빛을 발하는 훈민정음

1. ⑤

2. ㄷ, ㄹ

해설)
ㄱ. 혀끝이 윗잇몸에 닿는 모양은 'ㄴ'이다.
ㄷ. 입술이 붙었다 떨어지는 모양은 'ㅁ'이다.

3. ⑤

## 대한민국 두 기둥, 공화주의와 민주주의

1. ① - ㉡, ㉢
   ② - ㉠, ㉣

2. ㄴ, ㄷ

해설)
ㄱ. 입헌공화국은 자유민주주의를 지향한다.
ㄹ. 입법-사법-행정부의 삼권 분립을 통해 서로 견제와
   균형을 유지한다.

## 구름이 전해주는 하늘의 선물

1. ㄱ, ㄷ

2. ④

해설)
④ 포화 수증기량이 높아지면 공기 중에 응결될 수증
   기가 없다.

3. ②

## 플라톤과 아리스토텔레스
## 같은 목적을 향했던 서로 다른 길

1. ⑤

2. ① - ㉠, ㉢
   ② - ㉡, ㉣

3. 부동의 원동자

## 수를 랑한 수학자-피타고라스 III

1. ⑤

2. ③

## 모차르트 3대 오페라

1. ① - ㉠, ② - ㉡

2. ① - (다), ② - (나), ③ - (나)
   ④ - (가), ⑤ - (다) , ⑥ - (가)

3. 아리아

## 역사기행 국내편

1. ㄱ, ㄷ

해설)
ㄴ. 고려시대 몽골 침입 때 임시수도가 되었다.
ㄹ. 조선 시대 청나라가 침입하였을 때 왕자들과 신하들이 피신하였다.

2. ① 병인 ② 신미 ③ 병인 ④ 신미 ⑤ 병인 ⑥ 신미

## 산업의 쌀 석유

1. ① - ㉡, ② - ㉢, ③ - ㉠

2. 착향료

3. ③

## 정의란 무엇일까요?

1. ① - ㉡, ㉣
   ② - ㉠, ㉢

2. ㄱ, ㄴ

해설)
ㄷ, ㄹ은 동등함을 강조하는 입장이다.

## 국제무역

1. ①

해설)
무역의 대상은 재화, 서비스, 기술 등을 모두 포함한다.

2. ㄱ, ㄹ

3. 세계무역기구(WTO)

MEMO

MEMO

MEMO

MEMO